Pinturas contemporáneas

Desnudo, abstracto, carboncillo y neoimpresionismo.

Pinturas de Arduino Rossi

En la portada pintada por Arduino Rossi.

Presentación

El arte y sus evoluciones, en el mundo artístico de Arduino Rossi, con obras abstractas, la primera en papel, en acrílico o en óleo sobre lienzo, con paisajes en carboncillo o acrílico, de gusto neorrealista.
Estilos y gustos muy diferentes en apariencia, pero que se encuentran y conducen a la evolución artística, hacia formas y colores libres de la imagen, hacia el abstraccionismo simbólico.

Contactos con Arduino Rossi rossi.arduini@gmail.com

Página 3 Paisaje neoimpresionista
Páginas 4 - 18 Desnudo femenino
Página 5 Resumen sobre papel
Página 6 Pintura al óleo geométrica abstracta
página 7 Paisaje de montaña, con castillo
Página 8 Flores Página 9 Resumen sobre papel
Página 10 Paisaje Páginas 11 - 12 - 13 - 20 Resumen
Página 14 Cruces Páginas 15 - 16 Macetas
Páginas 17 - 19 - 21 - 22 Dibujos al carboncillo

3

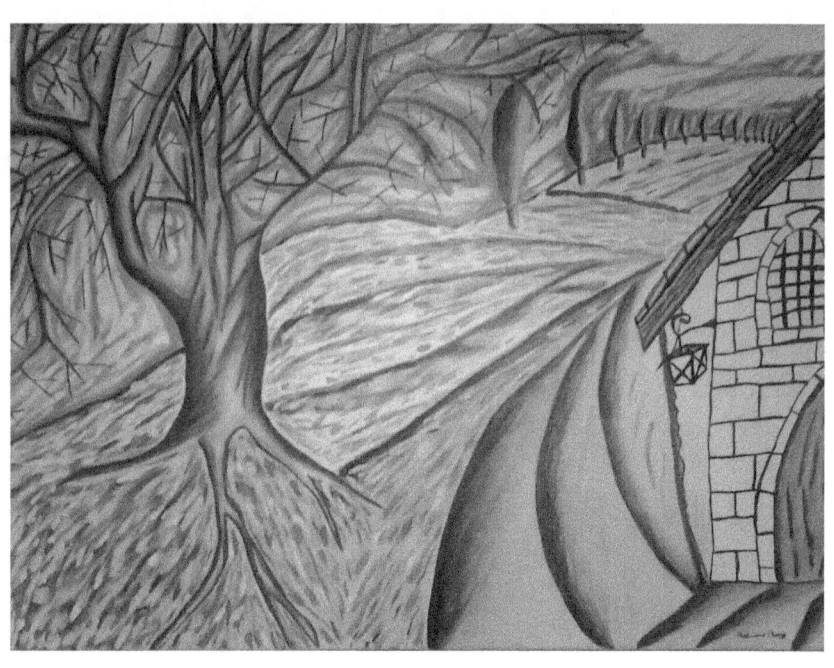

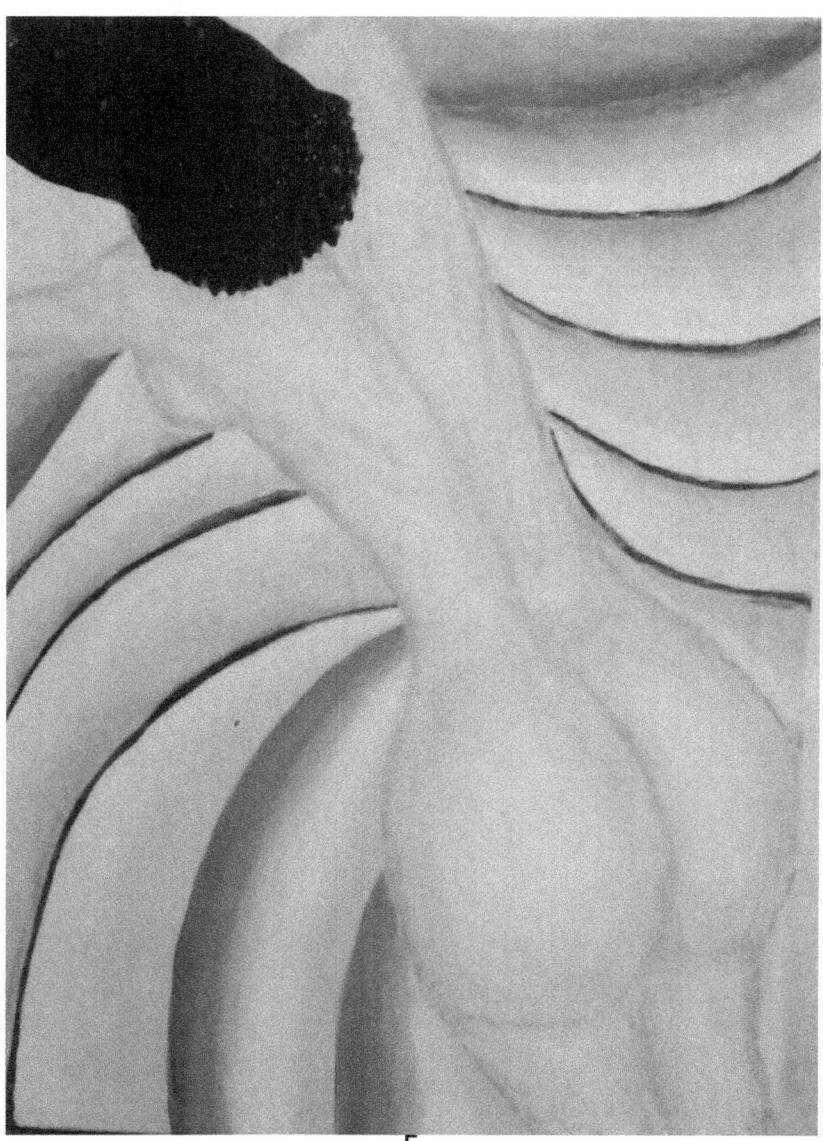

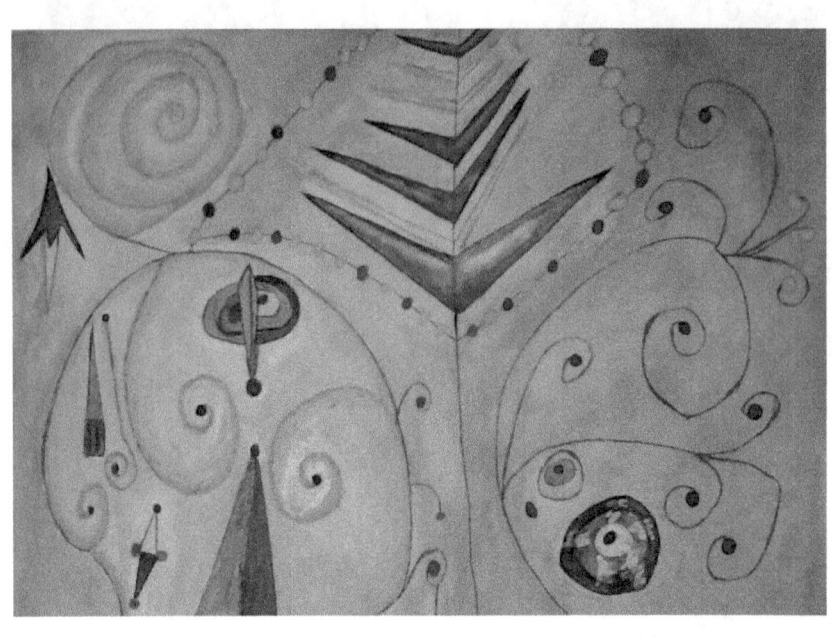

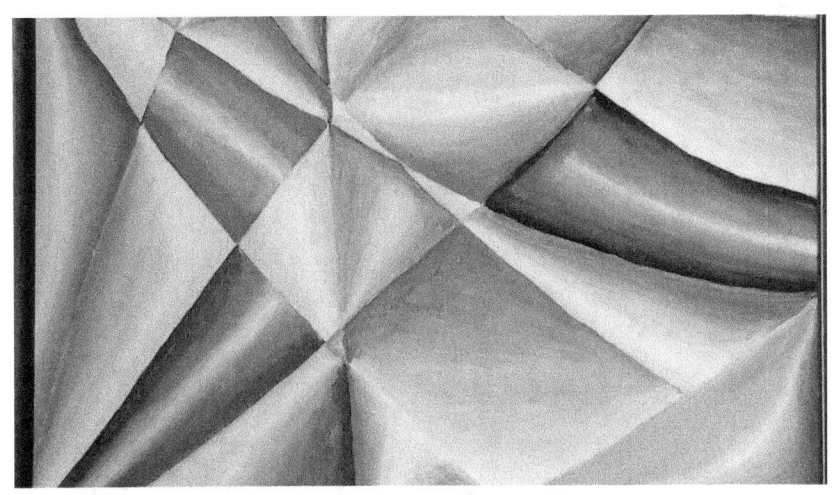

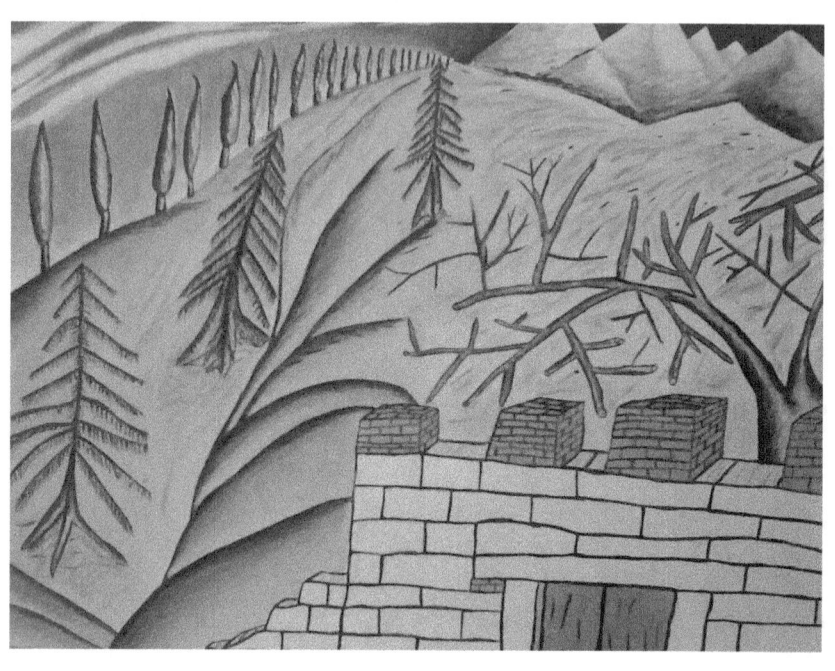

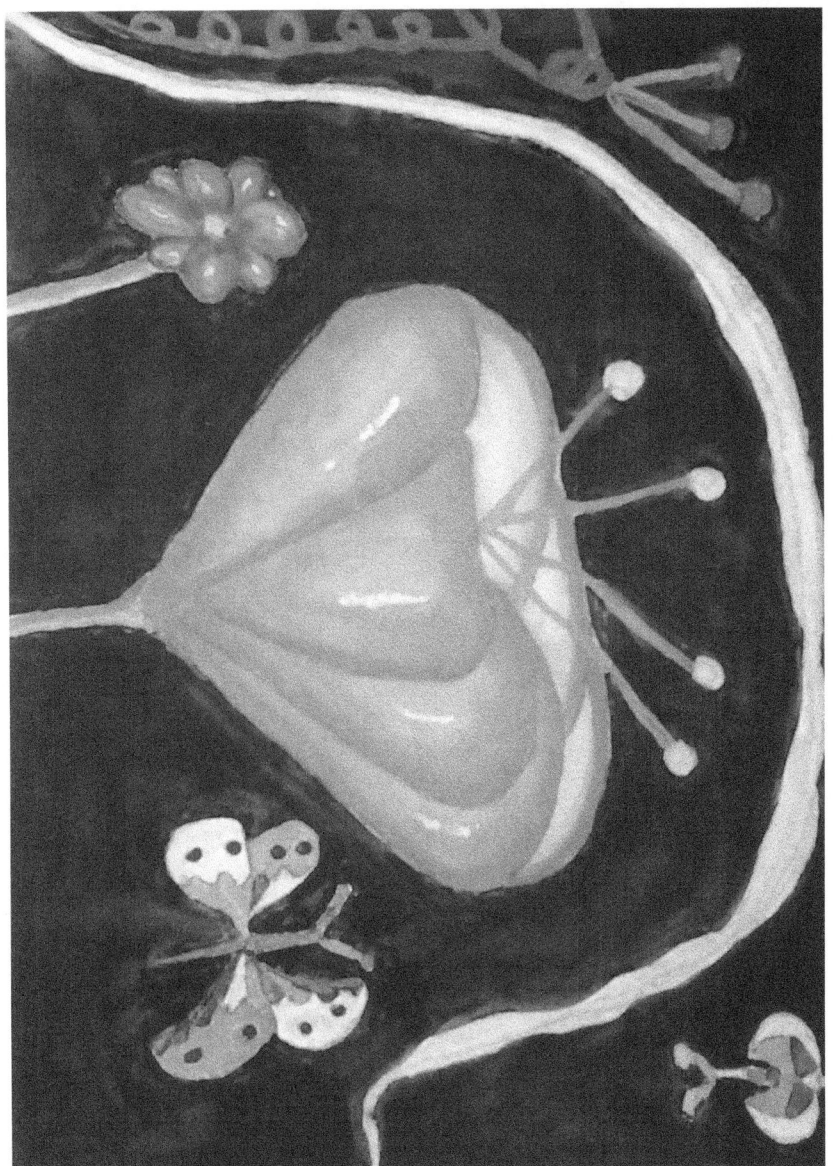

10

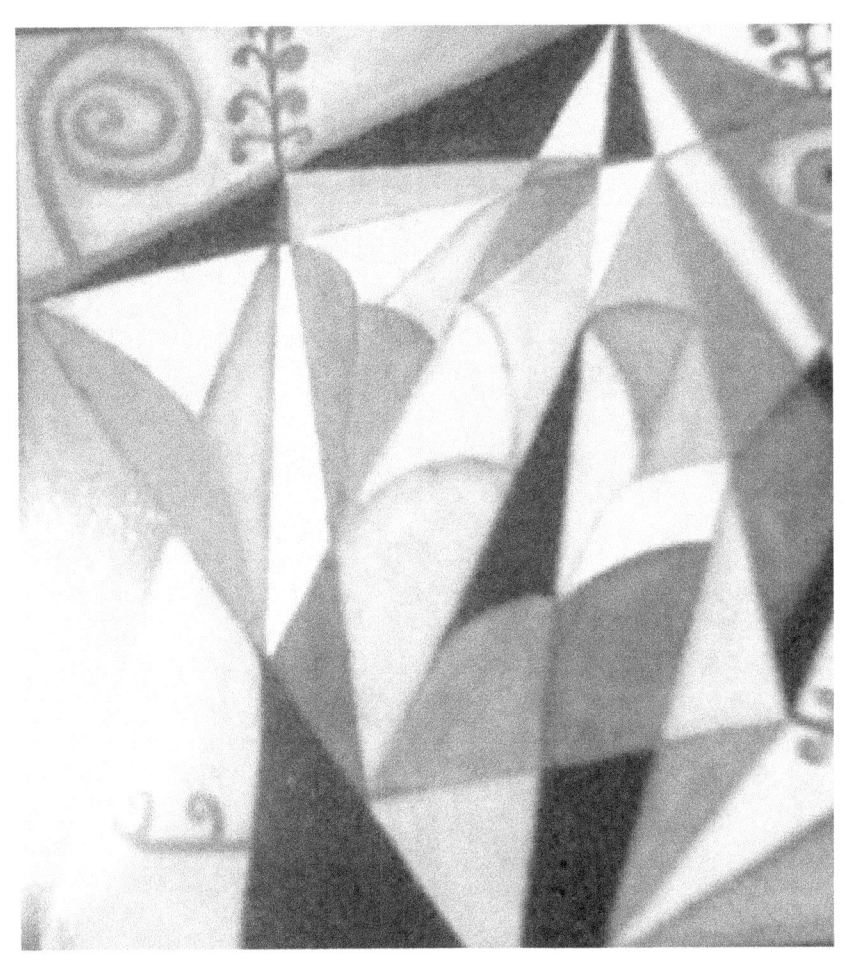

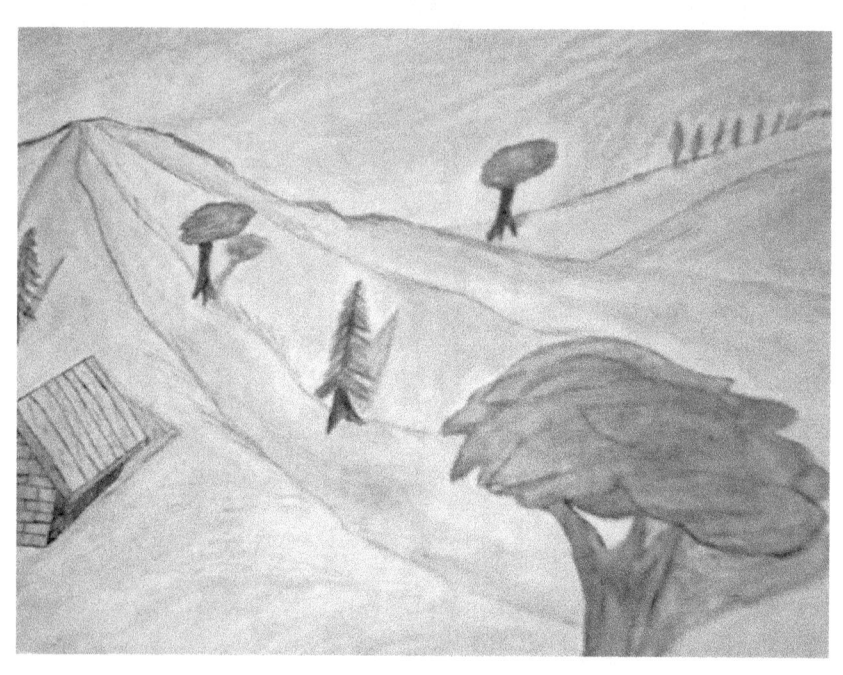

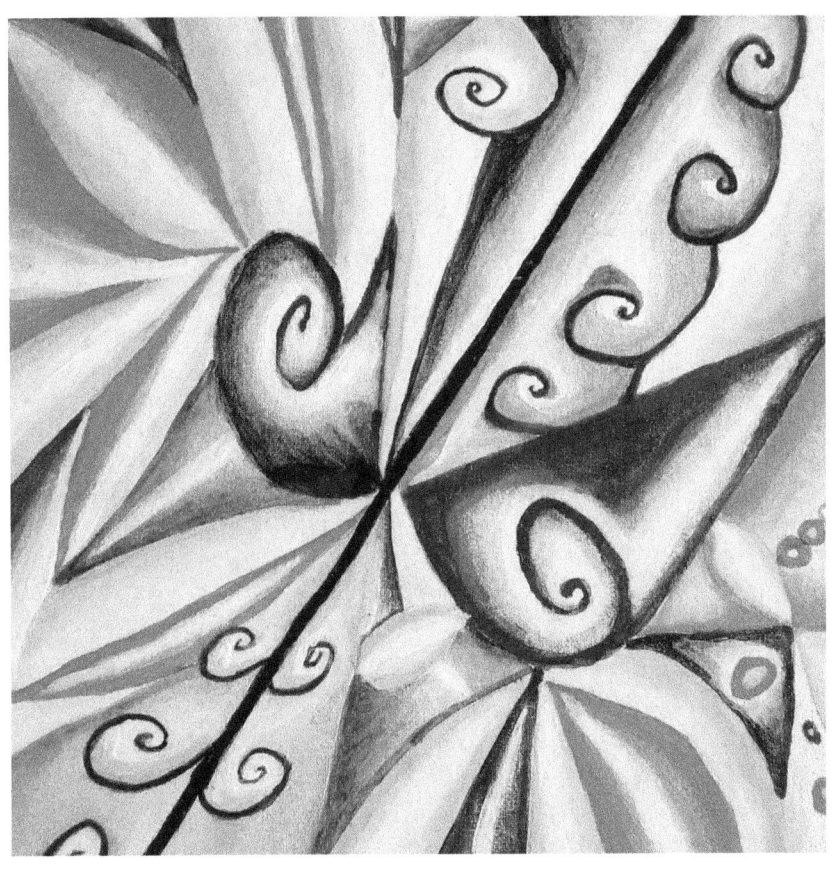

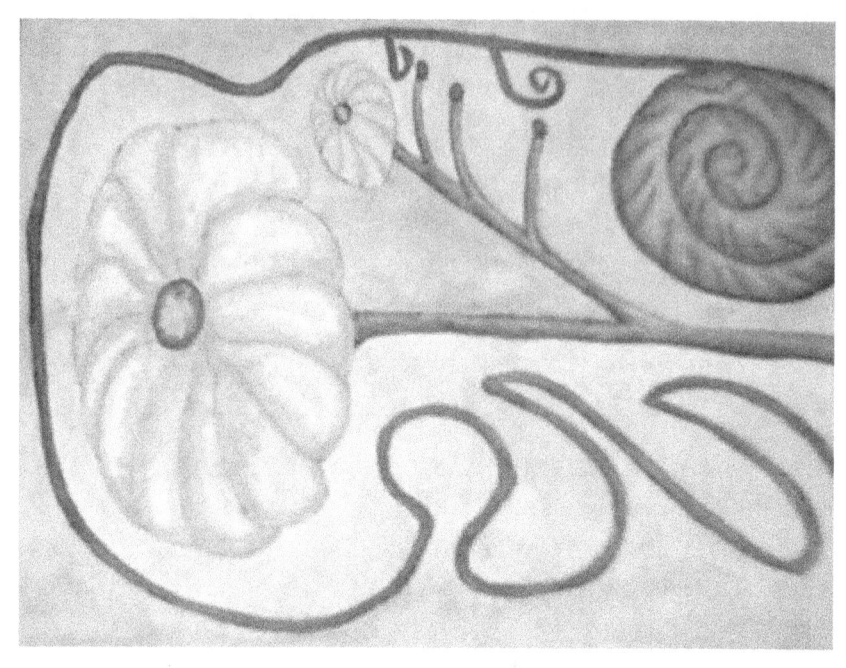

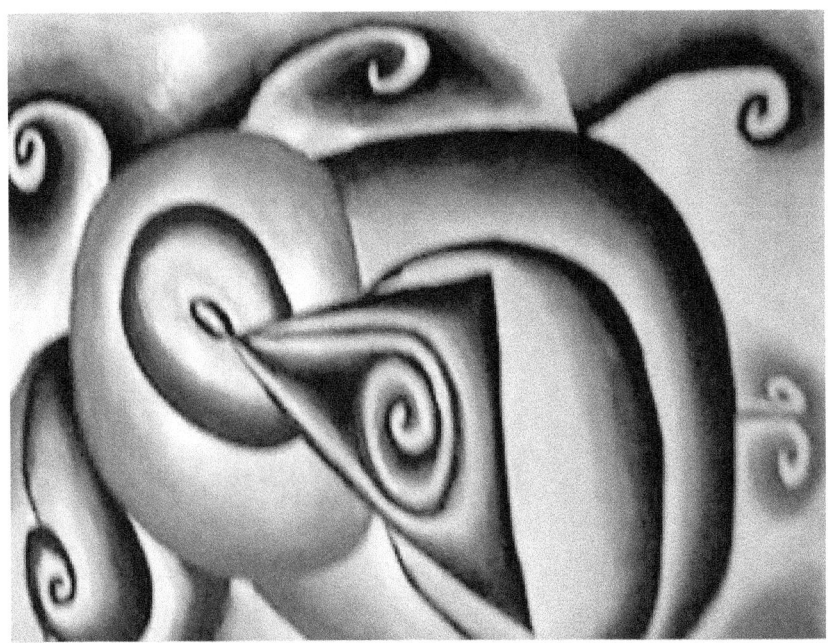

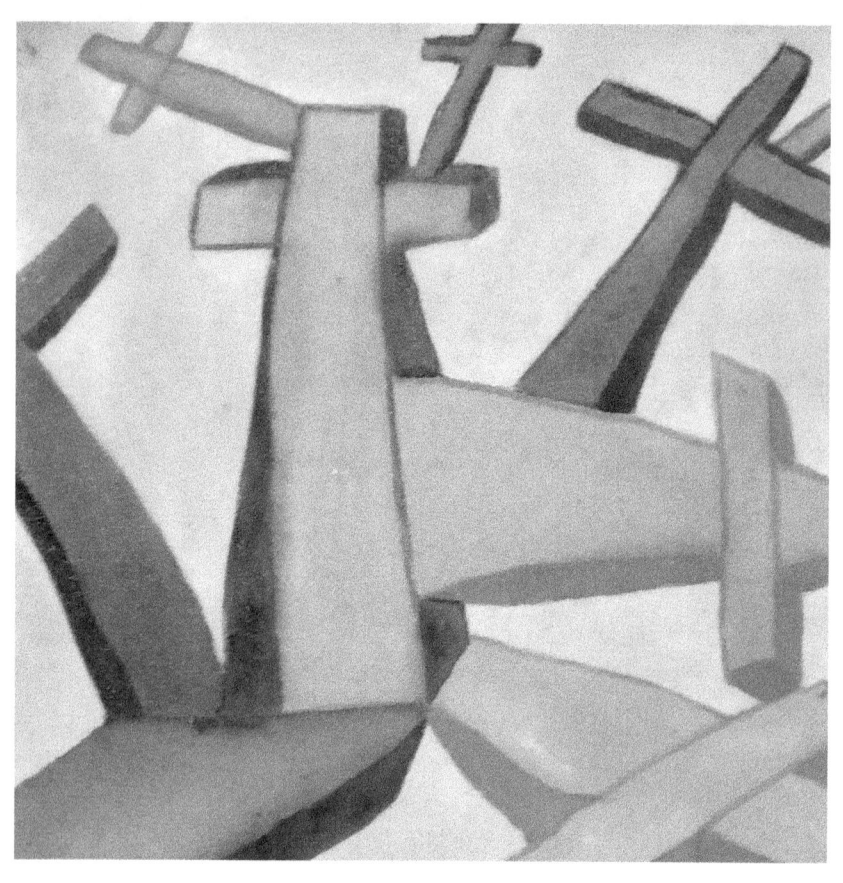

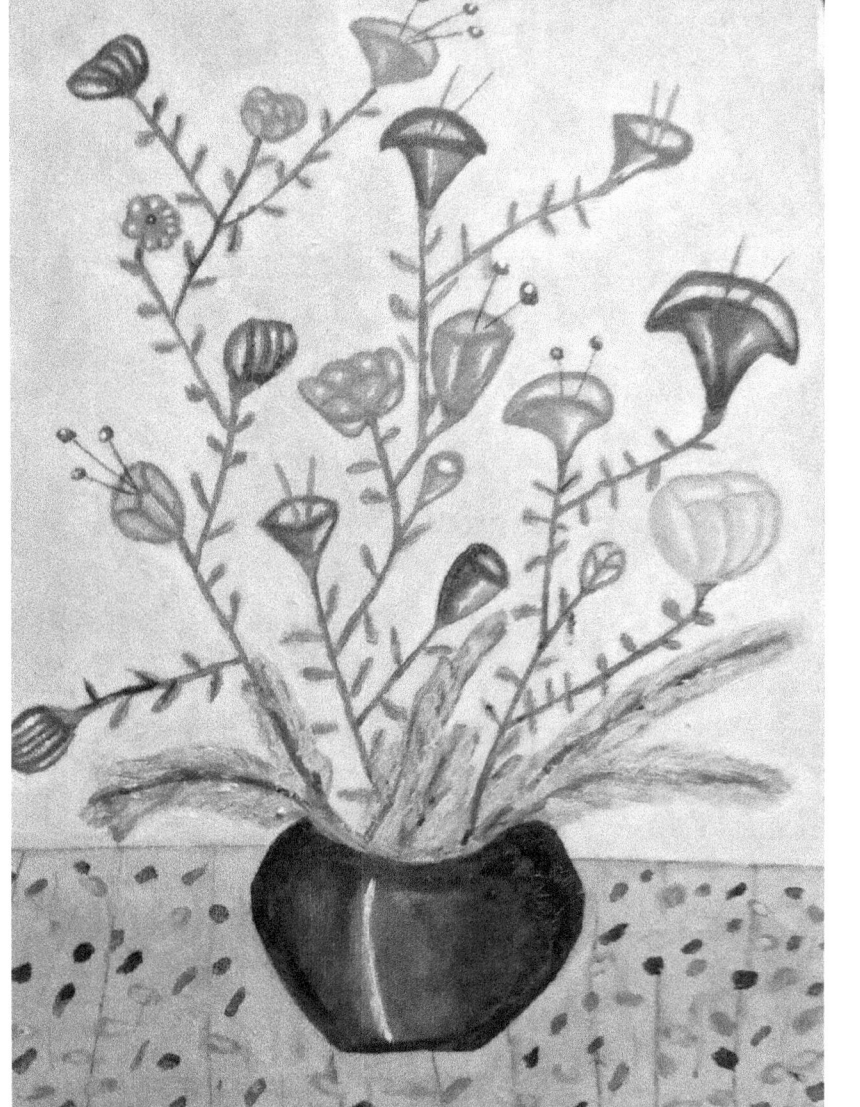

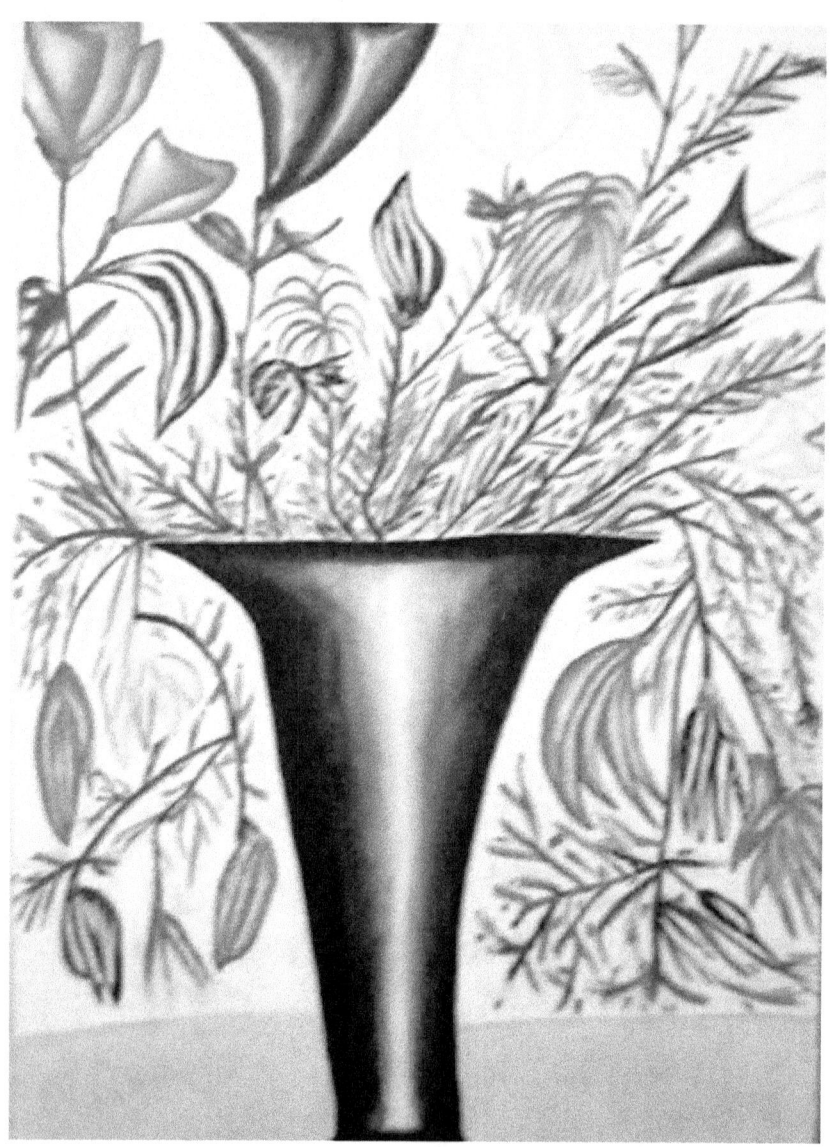

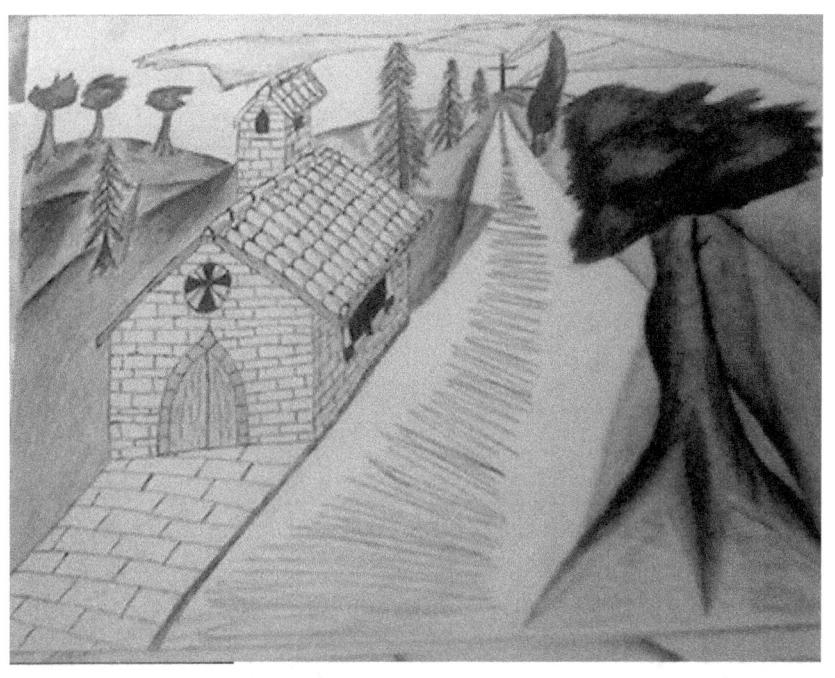

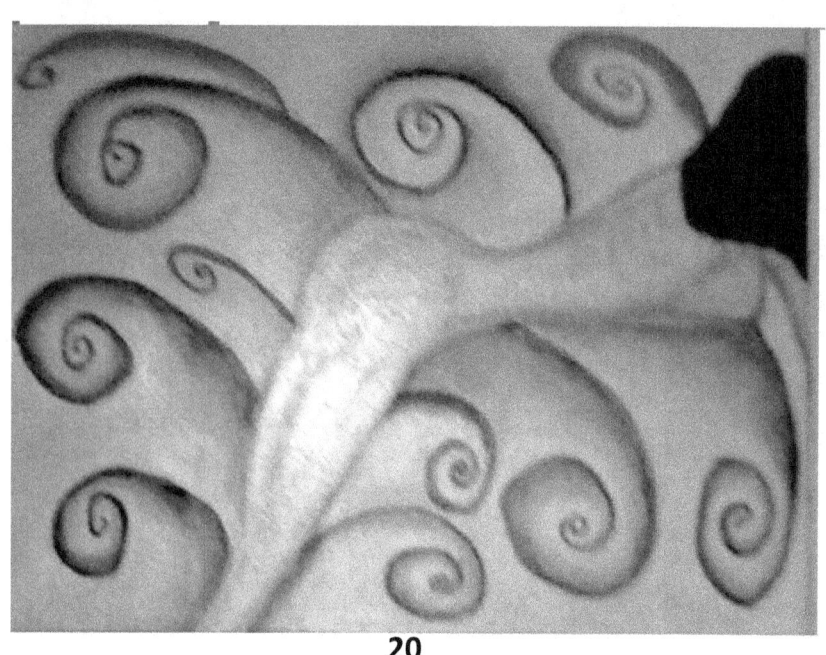

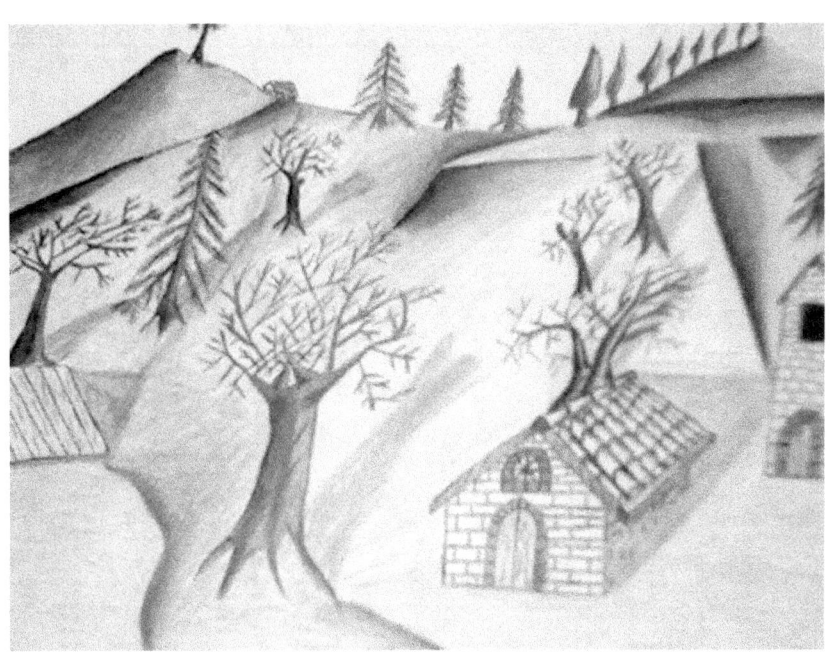

22

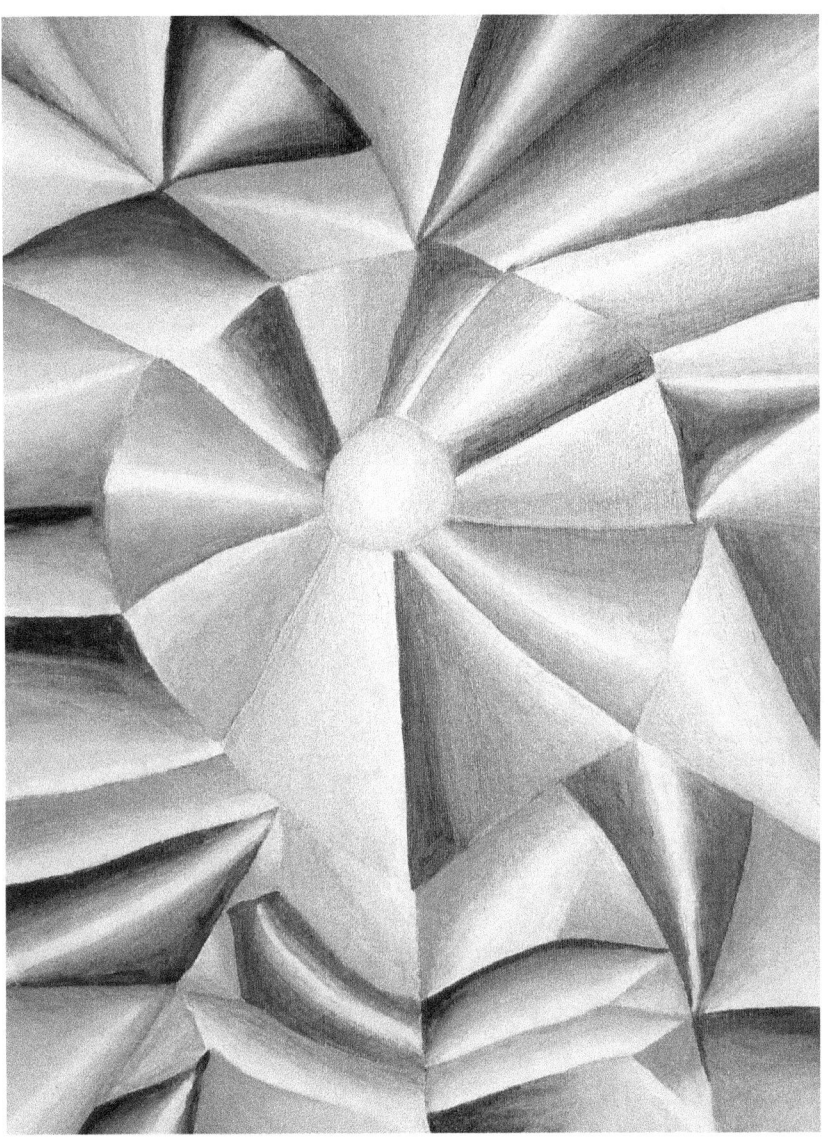

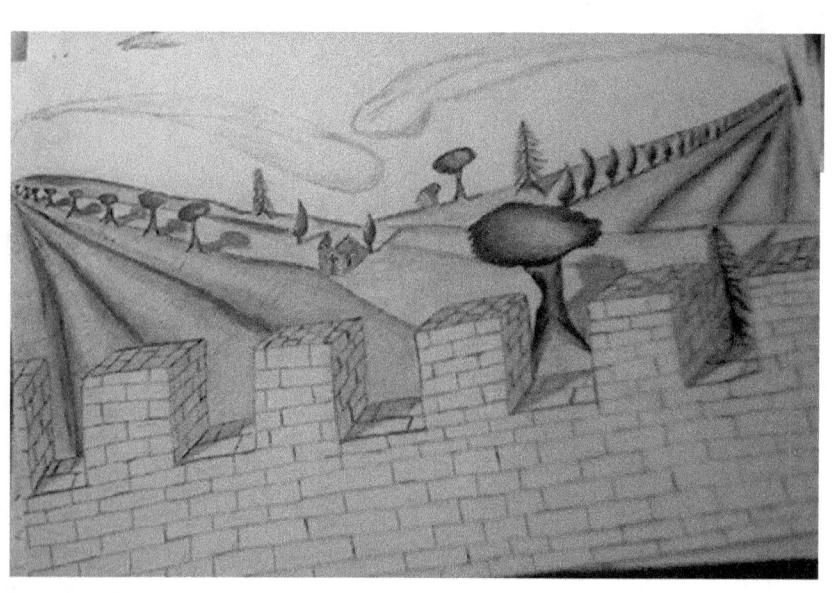

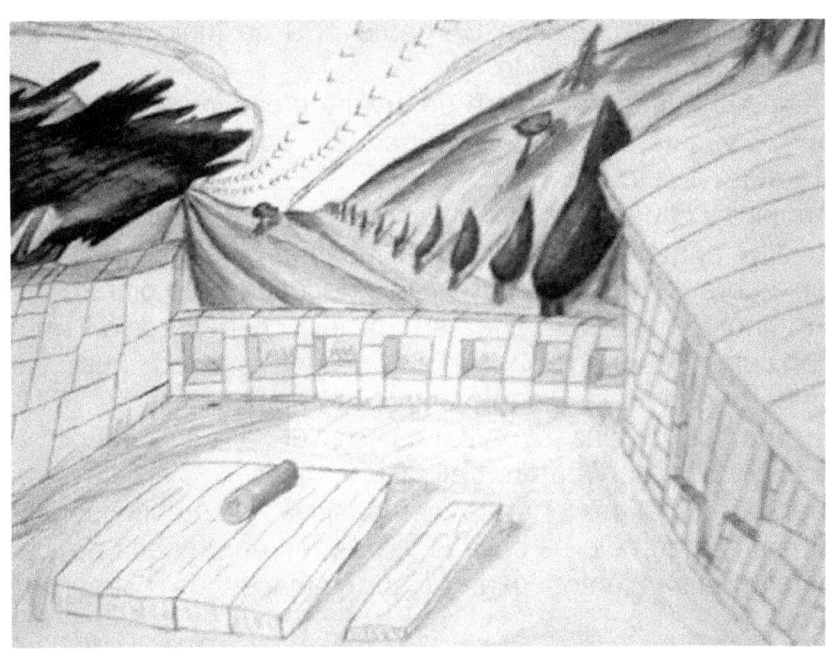

BIOGRAFÍA

Arduino Rossi nació en Bérgamo el 9 de junio de 1956, donde siempre ha vivido.
Después del corto período de juventud caótica, se encerró en sus intereses "desordenados" por la poesía, la literatura, la pintura.
Arduino encuentra su realización personal en la pintura, tuvo un primer juicio crítico de Giuseppe Martucci, el 10 de diciembre de 2004, en la revista Artecultura: "La pintura de Arduino Rossi vive de su propio neoexpresionismo particular. Los rasgos esenciales de una realidad figurativa se deforman intensamente en su morfología plástica ... "
En cambio Francesco Valma en el Corriere Veneto, edición local de Corriere della Sera, dice: "... .. de elevada fuerza cromática, energía compositiva y combinaciones dinámicas de colores cálidos y fríos: es una mosca de luz como pensamientos cuando son capaces de calmar el alma."
Arduino hoy se enfoca en lo abstracto con acrílico, donde busca y experimenta con nuevas formas, nuevas relaciones cromáticas armónicas, como escribe para Salvo Nugles para el show Spolete en 2020: "Arduino Rossi ha hecho de las curvas y la vivacidad de las combinaciones cromáticas su propio estilo reconocible . A través de juegos de espirales y formas geométricas de colores que se entrecruzan, creando un juego de articulaciones

plásticas y vivas ..... "
Mientras tanto, sus lienzos han sido expuestos en Roma y Milán, Catania, Parma y Venecia, en diferentes realidades, pero también en Nueva York, en la galería White Space Chelsea, en Manhattan, o en la Market Exhibition de Boston en Italian Contemporary Art. Gallery, Estados Unidos.

CURRICULUM by ARDUINO ROSSI

2020

Participa con un lienzo, titulado Light in flight, en la Pro Biennale 2020, en Venecia del 23 de julio al 7 de agosto de 2020, presentado por Vittorio Sgarbi.
Crítica de Flavia Sagnelli - Comisaria de exposiciones - con motivo de la Pro Bienal verano 2020 en Venecia presentada por Vittorio Sgarbi, mención especial también firmada por Vittorio Sgarbi.
Con la publicación de su obra con la editorial Giorgio Mondadori y con el juicio crítico, en el volumen que informa esta Probiennale.
También participa en la publicación de su perfil en el volumen de la Editorial Giorgio Mondadori, titulado Arte en Cuarentena, 2020.
NUEVA YORK 2020, Fue seleccionado para la exposición del 24 al 27 de junio de 2020, aplazada del 21 al 24 de

octubre de 2020, por Corona-virus, en Nueva York para el Premio PitturiAmo en Nueva York, en la galería White Space Chelsea (555 W 25th St, Nueva York, NY) ubicado en Manhattan, en el corazón de NUEVA YORK con la imagen de la obra del artista con la cita en video exhibida en la galería, disfrutando de asistencia de ventas.
Todos los artistas admitidos al Premio PitturiAmo de Nueva York tendrán una página entera a color en la revista ART NOW.
Exposición de mercado en Boston en la Galería de Arte Contemporáneo Italiano 80 Dartmouth St, Boston, MA 02116, Estados Unidos - 2020 resiliencia italiana.
Certificado de abril de 2020 con publicación de una página a todo color en la revista ART NOW, con el Certificado y la placa AVANT-GARDE ARTIST bajo la supervisión del crítico de arte Vittorio Sgarbi, por la notable calidad estilística.
TGCOM24 MEDIASET ESTÁ PRESENTE EN EL VIDEO DE LOS ARTISTAS DE SPOLETO ARTE del 16 de junio de 2020, COMO SE MUESTRA DESDE EL ENLACE A CONTINUACIÓN:

Emiratos Árabes Unidos: Doble exposición de obra N. 1 en Exposición Digital en Umm Al Quwainn y en Dubai, en los Emiratos Árabes, con certificado de selección.
EXPOSICIÓN SPOLETOARTE con Vittorio Sgarbi en el Palazzo Storico en el centro de Spoleto, del 18 de septiembre al 2 de octubre de 2020 con ART FACTORY

SPOLET O, con declaración crítica firmada por Salvo Nugnes.
Certificado de admisión al Premio Raffaello en Roma, 2020.
Participa en el "1er Premio Internacional Ciudad de Budapest" 2020.
Participación en el Premio Internacional "Paris ArtExpo

30

www.ingramcontent.com/pod-product-compliance
Lightning Source LLC
Chambersburg PA
CBHW050326220526
45465CB00005B/2154